LETTRE

ADRESSÉE PAR LES

NÉGOCIANTS DE VINS DE BORDEAUX

A LA

SOCIÉTÉ D'ÉCONOMIE POLITIQUE

SUR LA QUESTIÓN

DU RENOUVELLEMENT DES TRAITÉS DE COMMERCE

ET DU RÉGIME ÉCONOMIQUE DE LA FRANCE

———— >—< ————

BORDEAUX

IMPRIMERIE G. GOUNOUILHOU

11, RUE GUIRAUDE, 11

——

1890

A Monsieur Marc Maurel, président de la Société d'Économie politique.

Monsieur le Président,

Appelée à répondre au questionnaire que M. le Ministre du commerce a adressé aux Chambres de commerce et à divers autres corps constitués, pour connaître leur opinion sur les questions relatives au régime économique de la France et, en particulier, sur la question des traités de commerce, la Société d'Économie politique de Bordeaux a pensé qu'elle devrait solliciter les membres de quelques-unes des principales industries de la Gironde de lui faire connaître leurs vues relativement à leur industrie particulière.

Vous avez, en conséquence, demandé à un certain nombre de négociants de vins de Bordeaux de vous exprimer leurs vues au sujet des intérêts qu'ils représentent sur ces questions si importantes.

Les observations que nous allons vous soumettre se rattacheront à deux questions principales que nous allons traiter successivement.

PREMIÈRE QUESTION.

Y a-t-il lieu ou non de maintenir le système des traités de commerce adopté depuis 1860?

Le régime des traités de commerce a été, depuis quelques années, attaqué avec une extrême énergie.

On a paru complètement méconnaître les avantages qui en sont résultés, les bienfaits qui en ont été la conséquence, et on n'a voulu voir que les quelques inconvénients qui ont pu résulter de l'application de quelques articles de nos tarifs.

Certains intérêts particuliers ont fait entendre des plaintes plus ou moins légitimes, plus ou moins fondées, mais qu'ils ont exprimées avec la plus grande vivacité; et on a été trop facilement amené à conclure de ces plaintes que le régime des traités de commerce était en lui-même une chose funeste.

Nous ne chercherons pas ici à traiter cette question avec les développements qu'elle pourrait comporter, et nous nous bornerons seulement aux quelques observations suivantes :

1° Il nous paraît évident qu'il y a un très grand avantage à avoir des traités de commerce déterminant pour un certain nombre d'années les tarifs réciproques qui doivent régir les relations commerciales de deux pays, car les transactions commerciales, pour prendre un grand développement, ont besoin de stabilité; et comment peut-on espérer que ces relations puissent prendre leur développement normal si les négociants qui effectuent ces transactions se sentent toujours menacés par de brusques modifications de tarifs qui peuvent renverser tous les calculs, toutes les prévisions, toutes les dispositions qu'ils peuvent avoir prises en vue d'une certaine nature d'affaires ?

Mais nous devons naturellement ajouter que les traités, pour être avantageux et exempts de dangers, doivent être faits avec prudence, après les examens les plus approfondis ; et, bien que nous pensions qu'ils doivent avoir une durée de dix ans au moins, afin de donner aux transactions cette stabilité dont nous parlions plus haut, ils doivent être conçus de manière à pouvoir être dénoncés constamment, trois ou quatre ans avant leur expiration, pour le cas où l'expérience aurait démontré que certains remaniements de ces traités et des tarifs qu'ils stipulent, sont devenus nécessaires.

2° Une considération de la plus haute importance suffit à elle seule, il nous semble, pour démontrer la nécessité absolue des traités de commerce : c'est la nécessité, en effet, absolument impérieuse d'établir entre les pays commerçants *la clause de la nation la plus favorisée.*

On a été amené à attaquer cette clause depuis quelques années, parce qu'elle a été insérée dans le traité de paix de Francfort avec l'Allemagne, ce qui donne à cette convention une durée illimitée.

Il est naturel que l'on trouve regrettable d'être ainsi liés pour toujours avec un pays quelconque. Mais il faut reconnaître que si cette clause devait, dans tous les cas, faire bénéficier l'Allemagne des avantages de tarifs que nous avons pu ou que nous pourrions accorder à d'autres nations, l'Allemagne se trouve placée vis-à-vis de nous exactement dans les mêmes conditions que nous le sommes vis-à-vis d'elle : elle ne peut accorder à aucune autre nation des avantages commerciaux dont la France, en vertu du traité de Francfort, ne serait pas appelée à jouir.

En réalité, il n'y a pas de *modus vivendi* commercial rationnel, admissible entre deux pays sans que la clause de la nation la plus favorisée ne soit réciproquement accordée.

Méconnaître et violer cette règle a pour conséquence inévitable de placer immédiatement à l'état d'hostilité les relations commerciales de deux pays.

Un ou deux exemples suffiront, croyons-nous, à le démontrer avec clarté.

Supposons qu'il n'y ait pas de traité de commerce entre la France et l'Angleterre, et que la clause de la nation la plus favorisée n'existe pas relativement aux relations commerciales entre les deux pays.

Aujourd'hui, l'Angleterre reçoit les soieries de tous les pays en franchise de droit; supposons qu'elle frappe les soieries françaises de 30 à 40 0/0 et qu'elle continue à recevoir sans droit les soieries des autres pays. Les conséquences qui en résulteraient pour l'industrie des soieries en France seraient de la dernière gravité, et il n'y aurait sans doute qu'un cri pour trouver odieusement injuste que l'Angleterre frappe de cette sorte les soieries françaises, alors qu'elle ne frapperait d'aucun droit les produits identiques d'autres pays.

De même pour les vins; l'Angleterre frappe aujourd'hui les vins étrangers, sauf les plus alcoolisés, d'un droit de 1 shilling par gallon. Supposons que tout à coup elle fasse une exception contre les vins français, et frappe ces derniers d'un droit de 5 à 6 shillings, comme autrefois. Les conséquences en seraient désastreuses pour la viticulture française, et une irritation inexprimable s'ensuivrait.

Ces exemples nous paraissent suffisants pour démontrer à quel point il est indispensable que deux nations qui veulent avoir des rapports commerciaux s'accordent tout au moins réciproquement la clause de la nation la plus favorisée.

3° Enfin, nous invoquons, en faveur du régime des traités de commerce les résultats obtenus en France par les traités de 1860. Rien n'est plus concluant que l'expérience; et les bienfaits qui sont résultés des traités de 1860 ont été si considérables et si éclatants, qu'on doit les considérer comme la justification la plus complète de ces traités.

Nous n'entrerons pas ici dans plus de développements à cet égard, parce que nous allons être conduits à le faire en traitant la deuxième question que nous nous proposons d'examiner.

DEUXIÈME QUESTION.

Y a-t-il lieu, pour la France en général et pour ses intérêts viticoles en particulier, de maintenir le régime de liberté commerciale plus grande que par le passé, inauguré en 1860?

Nous ne sommes pas appelés à traiter ici cette question dans son ensemble, et nous nous bornerons, à cet égard, à quelques observations succinctes.

Si on consulte les statistiques les plus positives et les chiffres les plus probants, on constate que, depuis 1860, la richesse générale de la France s'est développée dans des proportions immenses, et l'un des faits qui le prouvent de la manière la plus éclatante est la progression des valeurs successorales établie par la perception des droits.

Voici les chiffres que nous pouvons citer :

En 1860, le montant des successions et donations s'est élevé à..F. 3,526,000,000

Mais, pour faire des comparaisons exactes, il faut déduire de ce chiffre environ le vingtième, représentant la part de l'Alsace-Lorraine dans ce chiffre total, soit environ................................... 176,000,000

Reste........F. 3,350,000,000

Or, ce chiffre total des valeurs successorales s'est élevé aux chiffres suivants dans ces dernières années :

En 1885, à............................... 6,429,000,000
En 1886, à............................... 6,386,000,000

Nous voyons, par ces chiffres, que, depuis 1860, les valeurs successorales se sont accrues de la somme énorme d'environ...............................F. 3,000,000,000

Il est vrai que, pour être exacts, nous devons tenir compte de certaines modifications qui ont été apportées dans l'appréciation de quelques-unes des bases de calcul de la valeur des successions, et qui consistent notamment en ce que, pour apprécier la valeur des immeubles non bâtis, on a multiplié le revenu par 25, au lieu de le multiplier par 20, comme précédemment.

Tenant compte, au delà même de ce qui serait nécessaire, de l'influence de ce changement dans le calcul des valeurs de succession, nous trouvons une augmentation approximative et totale d'au moins 2 milliards 700 millions.

Or, pour apprécier l'importance approximative de la richesse publique en France, il est admis que le chiffre des valeurs successorales annuelles doit être multiplié par le coefficient de 35, qui représente la survie moyenne des héritiers. — Multipliant donc le chiffre ci-dessus de 2 milliards 700 millions, indiquant l'accroissement des valeurs successorales et des donations depuis 1860, par 35, nous trouvons le chiffre énorme de 94 milliards 500 millions comme représentant l'accroissement de la richesse publique en France depuis 1860.

Ces chiffres, qui résument et reflètent la richesse du pays et ses progrès, nous dispensent d'entrer dans de plus longs détails.

Nous ferons observer ensuite que les traités de 1860, qui stipulèrent une diminution importante des droits sur les produits manufacturés étrangers, et qui, par suite, provoquèrent tant de plaintes et suscitèrent tant de clameurs de la part des industriels français, ont produit les plus heureux effets sur toutes nos industries, en les mettant en présence de la concurrence étrangère. — Cette concurrence eût été funeste si les industriels français n'avaient pas fait les efforts nécessaires pour lutter victorieusement, — mais ils ont fait ces efforts, et grâce à leur habileté et à leur énergie, toutes nos industries se sont développées, aucune n'a péri sous l'influence des traités de commerce; il est facile d'en avoir de nombreuses preuves, notamment dans le développement de la consommation des matières premières employées par les industriels français.

Or, ce régime de liberté commerciale relative qui a produit de pareils résultats mérite-t-il d'être condamné? Comment ne pas reconnaître l'évidence de faits aussi concluants?

Mais, laissant de côté la question de notre régime économique au point de vue général, nous allons la traiter au point de vue spécial du commerce des vins et de la viticulture.

Il ne faut pas perdre de vue que, si la France s'engage de plus en plus dans une voie de *protectionnisme* à outrance et presque de prohibition, les conséquences qui en résulteront infailliblement seront néfastes.

Nous jouons, à cet égard, le jeu le plus dangereux, car si nous voulons repousser par tous les moyens les produits étrangers, comme nous n'en voyons que trop la tendance, il faut nous attendre à des représailles terribles.

Ainsi nous exportons chaque année pour environ 1,800 millions de produits manufacturés, et nous en importons pour 600 millions.

Si nous avons la *folie* — on ne peut se servir d'un mot plus adouci — de vouloir empêcher ces importations, nous pouvons être certains que les étrangers prendront contre nous des mesures correspondantes : on réussira promptement ainsi à tarir toutes les branches de notre commerce.

Nous pouvons nous attendre, notamment, à voir presque partout les vins français frappés de droits de plus en plus élevés.

Combien il serait plus sage de persévérer dans la voie de liberté commerciale modérée où nous étions entrés en 1860, et nous efforcer d'obtenir graduellement, à l'étranger, l'abaissement des droits qui frappent aujourd'hui nos produits !

Nous allons voir quelles conséquences peuvent produire ces deux politiques commerciales différentes, et pour cela nous allons examiner d'une part ce qu'est devenu notre commerce de vins avec l'Angleterre sous l'influence d'une politique libérale, et, d'autre part, ce qu'est devenu notre commerce avec les États-Unis sous l'influence d'une politique énonomique inverse.

1° Développement de notre commerce de vins avec l'Angleterre.

En Angleterre, les vins français, soit en fûts, soit en bouteilles, ne paient que 1 shilling par gallon de 4 litres 54, soit un droit uniforme, par bouteille, d'environ 22 centimes.

Les vins de Champagne font seuls exception à cette règle ; mais il est bon de remarquer que ces vins n'intéressant que les classes aisées et les plus riches, ne peuvent être considérés comme vins de consommation courante, mais seulement comme vins de luxe.

En 1887, les droits sur les vins français ont été modifiés et augmentés de la manière suivante :

Les vins mousseux d'une valeur ne dépassant pas 40 fr. la douzaine paient 1 shilling de plus par gallon et ceux d'un prix supérieur paient un droit supplémentaire de 2 shillings 6 pence par gallon.

Avant 1860, les vins français étaient frappés, en Angleterre, du droit énorme de 5 shillings 6 pence par gallon, soit environ 1 fr. 50 par litre.

En raison de ces droits exorbitants, la consommation des vins français en Angleterre ne dépassait pas 3,000 tonneaux, soit environ 27,000 hectolitres.

Sous l'influence, au contraire, des droits réduits qui ont mis les vins de France à la portée de presque tout le monde, puisque le droit par bouteille ne dépasse que de 4 centimes, ce que l'on paie à Paris, la consommation s'est élevée, de 27,000 hectolitres à 270,000 hectolitres, représentant une valeur d'environ 70 millions de francs (1) par an, et produisant même ce résultat intéressant qu'avec des droits cinq fois moindres, la douane anglaise a perçu une somme double.

Il est facile de comprendre l'influence qu'a eue sur la viticulture ce développement de la consommation des vins français.

Quand la France exporte pour 100 millions de tissus d'une sorte ou d'une autre, cette somme est loin de représenter un chiffre équivalent de travail français, car, dans la plupart des cas, il faut déduire 30 à 40 0/0 pour la matière première que la France est obligée d'acheter à l'étranger.

Il n'en est pas de même pour les exportations de vins ou d'eaux-de-vie, dont le chiffre représente intégralement une valeur française.

Tels sont, brièvement rappelés, les résultats, pour la viticulture française, de la politique commerciale relativement libérale adoptée en 1860.

(1) Ce chiffre de 70 millions peut paraître exagéré, mais il est exact. — C'est celui que donne la douane anglaise, et il s'explique facilement par ce fait que dans ces importations se trouvent environ de 10 à 12 millions de bouteilles de Champagne à des prix élevés.

2° Diminution des expéditions de vins aux États-Unis.

Nous joignons aux présentes observations un tableau indiquant quelles ont été les exportations de vins de la France pour les États-Unis, depuis environ cinquante ans, c'est-à-dire depuis 1838. Ce tableau nous paraît singulièrement significatif.

Autrefois, les droits sur les vins français étaient très minimes, et, sous l'influence de ces droits minimes, nos exportations atteignirent, en 1852, le chiffre de 230,772 hectolitres.

Depuis, à la suite de la guerre de Sécession, les droits ont été augmentés dans des proportions énormes, et ils sont aujourd'hui ce qui suit :

Vins rouges en fûts : 30 dollars par barrique, soit, par bouteille, environ 50 centimes.

Vins rouges en bouteilles : 1 dollar 60 cents par caisse de 12 bouteilles, soit, par bouteille, environ 75 centimes.

Vins de Champagne : 7 dollars par douzaine, soit, par bouteille, 3 francs.

Les conséquences de ces droits excessifs apparaissent d'une manière tristement éclatante dans le tableau ci-joint.

Nous y voyons, en effet, que les exportations des vins de France pour les États-Unis, qui atteignirent, en *1852, 230,000 hectolitres, soit 25,000 tonneaux,* sont tombées, en *1888, à 59,000 hectolitres, soit 6,500 tonneaux.*

Ainsi, depuis 1852, nos exportations de vins pour ce grand pays ont diminué des trois quarts! Mais cette diminution est en réalité bien plus considérable que ne l'indiquent ces chiffres, quelque douloureux qu'ils soient; — en effet, les États-Unis ont aujourd'hui une population qui est environ le triple de ce qu'elle était en 1852. Si donc les États-Unis nous achetaient aujourd'hui proportionnellement autant de vins qu'en 1852, c'est 75,000 tonneaux qu'ils devraient recevoir de nous.

Ce dernier chiffre même devrait être beaucoup plus élevé, si on considère que le peuple américain est aujourd'hui incomparablement plus riche qu'il ne l'était en 1852, et, par conséquent, à ce second point de vue, nos exportations devraient atteindre au moins

100,000 tonneaux. Or, comme nous venons de le constater, elles sont
tombées à 6,500 tonneaux !

Il est vrai que, depuis 1852, les vins produits aux États-Unis (en
Californie) sont venus faire concurrence aux nôtres ; mais cette pro-
duction est encore relativement minime et n'aurait pas empêché la
consommation des vins de France de prendre des proportions énormes,
si les droits presque prohibitifs qui existent aujourd'hui n'y avaient
mis obstacle.

Tels sont les résultats désastreux que ces droits ont produit pour
nous, et nous n'hésitons pas à dire qu'un des plus grands objectifs du
Gouvernement français, au point de vue des intérêts économiques de
la France, serait d'obtenir aujourd'hui des États-Unis un abaissement
considérable des droits sur nos vins, et, par exemple, l'établissement
de droits semblables à ceux qui furent stipulés avec l'Angleterre
en 1860.

Mais pour avoir quelques chances d'obtenir cette satisfaction des
États-Unis, il faudrait que la France admît aussi leurs produits d'une
manière libérale et à des droits modérés, tandis que le mouvement
protectionniste passionné et aveugle qui existe aujourd'hui nous fait
bien craindre, hélas ! qu'il n'en soit pas ainsi.

Nous en trouvons un triste exemple dans la manière dont nous agis-
sons vis-à-vis des États-Unis, relativement à un article d'exportation
très important pour eux : les viandes salées que nous prohibons sans
motifs légitimes, alors que nous recevons celles des autres pays.

Il en résulte une irritation qui ne se comprend que trop, et qui
prédispose très peu l'Union américaine à traiter les produits français
favorablement.

Telles sont, Monsieur le Président, les observations sommaires que
nous croyons devoir vous soumettre en ce qui concerne le commerce
des vins, au sujet des remaniements prochains de notre régime économique.

Nous voyons avec la plus extrême appréhension les dispositions
d'esprit dans lesquelles ces modifications paraissent devoir être
effectuées.

La France ressentira tôt ou tard les conséquences funestes d'un
régime de protectionnisme à outrance, et nous craignons bien qu'elle

ne soit amenée, après de très cruelles expériences, à reconnaître combien il eût été préférable d'adopter un régime de sage et progressive liberté.

Nous croyons que toutes les branches de la population française en éprouveraient les plus heureux effets, et enfin lès consommateurs, dont on paraît ne plus tenir aucun compte, verraient peu à peu s'améliorer les conditions de leur existence.

Veuillez agréer, Monsieur le Président, l'expression de notre considération la plus distinguée.

(Suivent les signatures :)

EXPORTATIONS DES VINS FRANÇAIS AUX ÉTATS-UNIS

| ANNÉES | VINS EN FUTS | | VINS EN BOUTEILLES | | TOTAL GÉNÉRAL |
	DE LA GIRONDE	D'AILLEURS	DE LA GIRONDE	D'AILLEURS	
	Hectolitres	Hectolitres	Hectolitres	Hectolitres	Hectolitres
1838	52,838	38,024	11,265	10,574	112,701
1839	56,954	47,818	14,924	11,042	130,738
1840	34,019	34,784	6,106	5,435	80,344
1841	56,068	34,715	6,641	8,580	106,004
1842	32,136	16,937	2,523	1,810	53,406
1843	37,773	13,248	1,180	2,537	50,738
1844	50,712	24,652	2,511	5,708	83,583
1845	50,819	27,651	1,792	7,884	88,146
1846	64,299	34,658	1,646	7,700	108,303
1847	57,827	30,563	8.278	6,380	103,048
1848	95,409	42,835	7,010	10,147	155,401
1849	97,513	52,125	9,054	10,355	169,047
1850	114,753	55,936	11,323	13,666	192,678
1851	121,206	52,182	11,628	15,841	200,857
1852	136,735	62,366	14,285	17,386	230,772
1853	113,932	67,585	15,224	24,140	220,881
1854	69,648	28,830	17,530	22,648	138,656
1855	51,435	8,476	16,238	16,396	92,545
1856	62,367	27,882	17,585	23,630	131,464
1857	45,778	35,195	18,158	21,108	120,239
1858	66,584	18,651	10,792	18,424	114,451
1859	105,576	50,644	22,636	24,263	203,119
1860	71,246	44,537	19,303	21,850	156,936
1861	38,619	10,668	7,928	4,468	61,683
1862	30,862	12,381	8,339	10,646	63,228
1863	46,507	32,120	10,532	12,881	102,040
1864	43,275	19,914	13,939	8,599	85,727
1865	79,617	46,668	11,159	9,405	146,849
1866	109,023	104,942	29,761	13,992	257,718
1867	83,482	45,093	9,507	11,512	152,594
1868	42,580	48,419	4,376	13,215	108,590
1869	96,393	95,521	12,765	22,179	226,858
1870	89,812	112,717	19,146	17,282	238,957
1871	97,295	109,410	6,381	14,995	228,081
1872	90,636	113,429	5,136	29,765	238,966
1873	79,910	73,565	6,588	23,937	184,000
1874	70,969	95,812	4,266	20,294	191,341

ANNEES	VINS EN FUTS		VINS EN BOUTEILLES		TOTAL GÉNÉRAL
	DE LA GIRONDE	D'AILLEURS	DE LA GIRONDE	D'AILLEURS	
	Hectolitres	Hectolitres	Hectolittres	Hectolitres	Hectolitres
1875	44,823	46,946	7,073	16,608	115,450
1876	38,162	30,125	4,868	15,648	88,803
1877	38,618	28,549	4,333	14,446	85,946
1878	34,187	18,645	3,838	11,864	68,534
1879	28,081	27,337	4,498	15,972	75,888
1880	35,551	21,697	5,330	16,590	79,168
1881	51,098	21,124	9,624	18,143	99,989
1882	51,354	20,205	8,069	19,937	99,565
1883	41,572	21,732	14,246	19,830	97,380
1884	24,390	10,969	10,414	10,169	55,942
1885	30,903	10,638	10,048	14,353	65,942
1886	32,069	6,578	10,824	15,130	64,601
1887	21,354	9,226	9,917	22,495	62,992
1888	15,458	10,678	8,307	24,828	59,271

Bordeaux. — Imp. G. GOUNOUILHOU, rue Guiraude, 11.

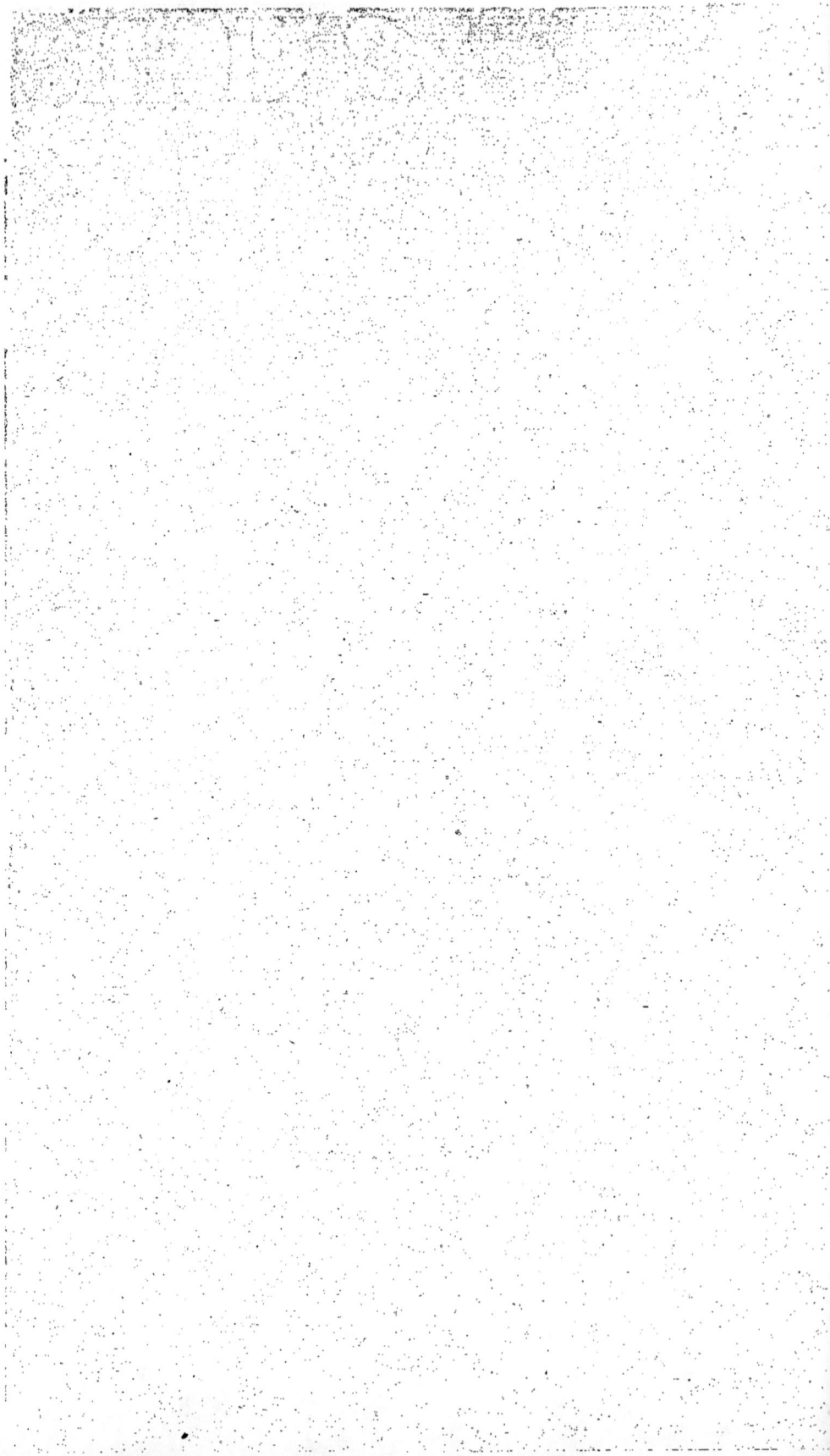

www.ingramcontent.com/pod-product-compliance
Lightning Source LLC
Chambersburg PA
CBHW061811040426
42447CB00011B/2586